Vte COMBES DE LESTRADE

POST-FACE

AU

DROIT POLITIQUE CONTEMPORAIN

OUVRAGE

Qui a obtenu, en 1900, le prix Le Dissez de Penanrun décerné par l'Institut

(Académie des Sciences Morales et Politiques)

1901

POST-FACE

AU

DROIT POLITIQUE CONTEMPORAIN

Vte COMBES DE LESTRADE

POST-FACE

AU

DROIT POLITIQUE CONTEMPORAIN

OUVRAGE

Qui a obtenu, en 1900, le prix Le Dissez de Penanrun
Décerné par l'Institut

(*Académie des Sciences Morales et Politiques*)

1901

Je n'aurais pas la présomption de demander encore l'attention des lecteurs de mon *Droit Politique Contemporain*, encore moins celle de l'espérer, si ce livre n'eût trouvé un accueil qui m'autorise à tâcher de justifier l'indulgence qu'on lui a témoignée. Non seulement l'Institut de France lui a décerné le prix Le Dissez de Penanrun, non seulement cette distinction lui a été accordée sur un rapport qui en accroît singulièrement la valeur, à la fois par l'éminente personnalité du rapporteur et par ses jugements si bienveillants, mais encore il a eu l'honneur d'être invoqué comme autorité dans une assemblée qui est, certes, une des plus hautes du vieux continent (1), et d'être discuté par tous les grands journaux des deux mondes, en dépit de la très fâcheuse lacune que son auteur y a laissée de parti pris, en n'examinant pas la fonction gouvernementale de la presse.

Ce n'est pas la seule lacune de cet ouvrage. Chacune d'elles serait un tort du livre, une faute de l'auteur, si celui-ci avait prétendu écrire une « Somme » du Droit Politique Contemporain. L'indulgente autorité de M. Lefèvre-Pontalis veut bien juger que j'y suis presque parvenu. Je dois tout au moins me défendre de l'avoir tenté et l'on ne peut m'imputer à crime de n'y avoir pas complètement réussi. Mes péchés d'omission me sont donc très légers à supporter.

J'avoue qu'il n'en est pas de même des erreurs dont on me

(1) Chambre des Seigneurs d'Autriche. S. du 6 mars 1900.

taxe, car il n'est pas besoin de dire que, de ces discussions, que je suis très fier d'avoir suscitées, je ne suis pas sorti indemne. Si j'essaye aujourd'hui de me disculper de certaines fautes, ce n'est pas que je méconnaisse les défectuosités de mon livre, mais tout simplement parce que je crois que mes contradicteurs ne sont pas dans la vérité. Je sais que je n'ai pas atteint le but, mais je crois n'être passé ni à gauche, ni à droite. Ce n'est pas, bien entendu, une plaidoirie *pro domo meâ* que j'écris en ce moment, pas même une apologie de mon livre, mais bien quelques arguments, que je veux développer en faveur de théories dont la justesse me semble incontestable et qui ne sont pas aussi inertes, aussi purement « académiques » qu'on leur reproche de l'être.

Les principales des accusations que je viens combattre sont les suivantes :

1° Le titre déjà contient une erreur. Il n'y a pas de « Droit Politique » ;

2° L'Angleterre a une Constitution ;

3° L'Angleterre, la France, et bien d'autres nations, ont le régime parlementaire ;

4° Le panégyrique du gouvernement russe pourrait s'appliquer à celui de la Turquie. Les institutions constitutionnelles sont les mêmes dans les deux pays ;

5° L'ouvrage établit une distinction entre la monarchie constitutionnelle et la monarchie parlementaire qui est parfaitement artificielle, en dehors de toutes réalités. La classification vraie doit se simplifier et se composer des trois formes : Autocratie, Monarchie constitutionnelle, République.

6° L'auteur a complètement méconnu la nature de la souveraineté, ou bien il a énoncé un véritable truisme, en disant que la souveraineté appartient à la nation.

7° Le régime parlementaire est loin d'être aussi compromis

que le dit l'auteur. S'il l'était, ce serait un grand malheur pour le monde. Avec lui, disparaîtraient la liberté et les biens qu'elle fait naître, car le régime parlementaire, en dépit de ses indéniables inconvénients, est encore le seul sous lequel les nations puissent être autonomes.

8° Enfin, — et j'en passe, — un ouvrage de ce volume, de ce poids, a le devoir d'aboutir à une conclusion quelconque, à l'énoncé de théories. C'est une fatigue et un ennui pour le lecteur que ce défilé d'institutions contradictoires ou du moins diverses, sans que jamais l'auteur lui en présente une ou plusieurs comme celles qui s'inspirent des règles qu'il rappelle.

Ce sont là seulement les principales des accusations, laissant à part celles d'omission ou d'incapacité dont je reconnais le bien fondé ; j'aurais dû les prévoir et les combattre dans le corps de l'ouvrage, qui y eût gagné en unité. Qu'il me soit permis d'exposer ma défense dans un appendice que j'incorporerai plus tard dans les éditions nouvelles, si le Destin, maître des livres petits ou gros, permet que le mien reçoive cette consécration.

I

« Il n'y a pas de Droit Politique, car la politique ne se plie pas devant le Droit. De plus, ce titre prête à une amphibologie. Les droits politiques sont une chose concrète, connue, la participation de celui qui les possède au gouvernement de son pays ; mais qu'est le Droit Politique ? »

C'est un professeur de notre École de Droit qui m'adressait ce reproche. J'aurais pu plaider les circonstances atténuantes. J'ai dit (page 8) que je n'avais adopté l'épithète de « politique » au lieu de « constitutionnel » que pour pouvoir étudier les pays qui n'ont pas de constitution formelle. Il fallait que mon titre fût à la fois la traduction de *Staatsrecht*, celle de *gosoudarstvennoe pravo* et l'équivalent approché de « Droit Constitutionnel » ; — « Droit Politique » était un pis aller fort supportable.

De plus, en lui-même, le mot ne me semble pas erroné. Ce n'est certes pas en passant, par occasion, que l'on peut rappeler les théories acceptées sur la nature du Droit. Il me suffit de rappeler que ce mot de « Droit » change de signification selon qu'on l'emploie au singulier ou au pluriel. Les « Droits Civils », par exemple, ne sont pas du tout une pluralité de « Droit Civil ». Dans la conversation que j'avais l'honneur d'échanger avec l'illustre jurisconsulte ; ce n'était pas moi qui jouais sur les mots.

De même, pourquoi ce rapprochement d'idées entre l'adjectif « politique » et le substantif « la Politique » ? Ils ne sont unis que par l'assonance. Rien n'est plus éloigné des contingences de la « Politique » que l'Économie Pure qui n'en a pas moins gardé l'épithète de « politique », pour se différencier de l'économie domestique, par exemple, et indiquer qu'elle étudie la production, la consommation, la répartition dans la nation tout entière. Le Droit administratif étudie le fonctionnement des rouages administratifs tel que l'organisent les lois existantes. Le Droit Politique étudie celui de l'organisation politique établie par les constitutions en vigueur. Ni l'une ni l'autre n'ont la prétention d'être l'incarnation du « Droit naturel » et encore moins celle du « Droit » sans épithète. D'ailleurs ce qualificatif de contemporain ne le dit-il pas assez?

Appeler « Droit » l'exposé d'institutions modifiables, passagères, quelquefois éphémères, c'est sans doute heurter l'idée que se font du « Droit » les esprits habitués à le révérer. Ce n'est pas en ajoutant « constitutionnel » qu'on eût évité l'écueil, et, d'ailleurs... quel est celui de nos Droits qui ne participe à cette fragilité ? Ce n'est certes pas le Droit civil, que les législateurs et les interprètes de la loi modifient sans cesse, ni notre Droit pénal, ni notre Droit commercial. C'est, moins encore, le Droit non écrit, celui qu'on appellerait volontiers le Droit social.

Que le titre ait été habilement choisi, non, certes. L'éditeur n'est pas seul à regretter que nous n'en ayons pas adopté un autre, plus séduisant, plus spécial, car celui-là ressemble plutôt à un sous-titre. Précisément pour cela, il est fort exact quoique convenant aussi bien à des études plus larges (1).

(1) Macarel publiait, en 1833, ses *Éléments de Droit politique*. Deux ans auparavant, Ortolan avait fait paraître l'*Histoire du Droit constitutionnel et politique*.

II

L'Angleterre a une constitution. Un publiciste fort distingué de Philadelphie a exposé l'erreur qu'il m'attribue de l'avoir nié. Selon lui, — et il n'a pas tout à fait tort, — je suis tombé dans la plus nette des contradictions en prétendant, d'un côté, qu'un peuple a toujours une constitution, fût-il gouverné par un autocrate, et, de l'autre, que l'Angleterre n'en a pas. C'est peut-être ce que j'ai dit. Ce n'est pas, à coup sûr, ce que j'ai voulu dire.

Après M. Boutmy, — et ce n'est pas lui qui l'a reconnu le premier, — j'ai signalé ce fait que l'Angleterre n'a pas de constitution écrite et je ne sais trop comment on soutiendrait le contraire. De tous les pays civilisés, c'est elle qui a la constitution non écrite la plus nettement arrêtée, la plus précise, parce que c'est elle dont la constitution sociale est le mieux dessinée, parce que c'est chez elle que cette constitution sociale a eu le plus de temps pour s'affermir, pour s'adapter le milieu où elle évolue, pour se façonner à ce milieu. C'est une erreur considérable de rédaction qui a pu, seule, me donner l'apparence de le méconnaître. J'ai commis la faute d'employer le même mot en deux sens différents, sans y ajouter un adjectif qui expliquât ma pensée, dans la conviction que celle-ci avait été répétée assez souvent pour que le lecteur ne s'y trompât point. Il y a eu inadvertance de ma part et aussi un peu d'inattention chez mon critique.

Même en passant condamnation, l'apparente contradiction n'enlevait rien à ma théorie. Il est admis que le peuple anglais est un peuple libre, que le *self-government* a atteint chez lui à peu près ses limites raisonnables. Ce n'est peut-être pas très vrai pour le peuple anglais de 1900, mais c'est une hypothèse absolument acceptable si l'on envisage le peuple anglais d'il y a quarante ans, le seul que nous connaissions à travers les œuvres qui l'étudient et qu'il a fallu quelques années pour écrire, quelques années pour traduire, plus encore pour propager. Le fait que cette liberté, cette indépendance des institutions et des choses, existent en dehors de tout texte qui les garantisse, n'est-il pas probant ? Ne démontre-t-il pas que ces deux grands biens, supposés ou réels, n'ont besoin d'aucune constitution écrite, d'aucune charte, d'aucun statut ?

On m'a reproché d'avoir dit que les faits ne signifient rien. Je ne l'ai avancé que lorsqu'ils me donnaient raison. Ici, je prends, non le fait, mais l'hypothèse. Je n'affirme pas que les Anglais aient le régime idéal, je l'admets, et cela montre l'inanité des textes, sans lesquels ils ont ce régime, avec lesquels d'autres nations ont un régime tout pareil à celui qu'elles ont cru abolir en prenant pour palladium une feuille de vélin.

III

J'ai dit : « Si la France possède le régime parlementaire, l'Angleterre ne l'a pas. » On me l'a vivement reproché. Certains ont déclaré « qu'un livre est jugé, lorsque l'auteur a la présomption de nier que l'Angleterre ait un gouvernement parlementaire ». La phrase n'est cependant pas si obscure, mais il ne m'en coûte rien de la renverser et de dire : « Le gouvernement anglais étant évidemment parlementaire, celui de la France ne l'est pas. » Cela revient au même et exprime également ma pensée qu'on ne peut assembler sous une appellation commune deux régimes aussi profondément dissemblables. Ce n'est pas ici le lieu de démontrer de nouveau cette dissemblance qui va jusqu'à l'antinomie. Je puis tout au plus la rappeler. En France, notre administration centralisée et, par la force des choses, toujours plus immédiatement soumise à un ministre qui veut administrer, est, par le jeu même de nos institutions, sous la dépendance journalière du suffrage universel, en fait des individualités auxquelles il obéit. En Italie, on juge en ce moment un procès en diffamation qui montre combien le pouvoir est absolu, de ces masses ignorantes et avides, de ces groupements que détermine une communauté d'intérêts, que ne réunit aucune communauté d'idéal. Et je parle du vrai pouvoir, non pas de ce pouvoir politique, dont l'exercice est si rare, mais du pouvoir coercitif, de celui que les Allemands ne croient pas diminuer, mais définir, en l'appelant le « pouvoir de police ». C'est celui dont l'individu sent de plus près, le plus vite, les bons ou les mauvais effets. C'est, par excellence, le pouvoir éducateur. En Angleterre, l'organisation administrative, la tradition, la constitution sociale agissent d'accord dans un jour absolument opposé.

Paulo majora canamus. Dans l'organisme politique anglais, où trouve-t-on quelque chose qui ressemble au nôtre, dès qu'on descend tant soit peu en dessous de la surface? Et, véritablement, je n'ose insister. Les œuvres de Bagehot, de M. Glasson, de M. Boutmy sont là. En quelques phrases, M. Lefèvre-Pontalis les a résumées et je ne le tenterai pas après lui.

Au Congrès de Droit comparé, qui s'est tenu cette année à Paris, M. Demombynes, dont la compétence sur cette matière est évidente, disait « qu'il n'y a pas à parler d'un type général de parlementarisme, qu'il y a autant de régimes parlementaires que de pays différents ». Comment douter de cette vérité, qu'ont apprise à M. Demombynes ses études profondes et utiles des constitutions actuelles? J'avais émis le souhait que l'on appelât « système anglais » celui qui fonctionne outre-Manche, si l'on ne veut pas renoncer à cette gloire d'avoir un régime parlementaire. Je ne tiens pas à mon idée. Qu'on adopte une terminologie quelconque, mais cessons d'être dupes d'une similitude de mots. Le régime anglais est substantiellement différent du nôtre, ce qui n'implique pas qu'il soit meilleur intrinsèquement. Il y a vingt ans, les choses anglaises étaient fort différentes de ce qu'elles sont. En envisageant l'Angleterre d'alors, on pourrait dire que son organisation politique était mieux adaptée à sa nature sociale que notre organisation actuelle ne l'est à notre nature. Cette comparaison de deux peuples, pris chacun à une époque différente, serait sans objet. Mieux vaut ne pas apprécier cette constitution politique qui n'est pas la nôtre et dont on ne peut dire qu'elle s'adapterait à nos besoins si on la transportait miraculeusement parmi nous.

IV

« L'auteur oublie, sans doute à dessein, de faire aucune mention de la Turquie, ce qui suffirait à prouver ce que vaut la monarchie absolue pour les pays qui ont à la subir (1). »

Très respectueusement, et en protestant de ma déférence très affectueuse pour le savant qui m'a adressé ce reproche, je veux m'en défendre. Un oubli prémédité n'est pas mon fait. Je n'ai aucune raison d'être partial pour la monarchie absolue. On n'a d'« opinion politique » que pour son propre pays, et je ne suis pas assez fou pour rêver de voir jamais l'autocratie s'implanter en France. Tout au plus, puis-je craindre qu'il y vienne une dictature, et j'ai suffisamment dit ce que je pensais du plus détestable des régimes (2). J'ai omis de parler de la Turquie simplement parce que je ne connais pas assez les rouages de son gouvernement pour oser les décrire.

Il est certain que si j'avais écrit : « le pouvoir absolu donne toujours au peuple qui l'accepte le progrès et la prospérité »,

(1) M. de Parieu, dans ses *Principes de Science politique*, séparait les deux régimes, turc et russe, en théorie comme ils le sont en pratique. « A un observateur — disait-il après avoir cité Voltaire — on fera le reproche de confondre ou, du moins, de trop rapprocher le despotisme oriental de la monarchie ABSOLUE MAIS TEMPÉRÉE PAR LES MOEURS, et qui est souvent appelée la *monarchie administrative*... Bossuet distinguait le gouvernement arbitraire du gouvernement absolu ».

(2) P. 59 et s.

on détruirait facilement ma thèse par l'exemple de la Turquie. Mais je ne crois pas l'avoir dit et je suis sûr de ne pas l'avoir pensé. J'ai soutenu que ce qu'on appelle les institutions libres, ou représentatives, n'étaient pas indispensables au progrès et à la prospérité, qu'il n'y a aucun lien entre les unes et les autres. L'argument que je combats pourrait être invoqué différemment et aussi vainement. A celui qui montrerait qu'en Suisse le gouvernement démocratique n'empêche pas le progrès, on pourrait opposer l'exemple des démocraties du Centre Amérique. Les malheurs de l'Espagne démontreraient les dangers irrémédiables de la monarchie constitutionnelle, et l'empire de Soulouque ceux du césarisme.

Non, certes, qu'il faille ne tenir aucun compte de ces exemples ! On n'a même pas le droit de les négliger, parce qu'ils viennent heurter les théories qui nous sont chères. Seulement, ils me semblent prouver par le raisonnement une vérité d'expérience : la parfaite inanité des constitutions politiques en ce qui touche le bien-être — *largo sensu* — des masses humaines. C'est là d'ailleurs la principale des rares, — trop rares, dit-on, — conclusions de mon livre, celle à laquelle je tiens le plus. C'est pour cela que je ne voudrais pas être convaincu de l'avoir méconnue en faisant du régime particulier à la Russie la cause de l'essor qu'ont pris dans cet Empire les progrès économiques et intellectuels.

Ce n'est pourtant pas à cela seul que se réduit mon prétendu panégyrique de l'autocratie russe. J'ai reconnu qu'elle ne gêne pas la prospérité, mais j'ai ajouté que les choses, sous elle, diffèrent beaucoup moins qu'il ne semble de ce qui se passe chez nous. Ou, plutôt, j'ai cessé d'envisager la Russie pour étudier le régime absolu théorique. Pour évaluer la différence entre lui et les institutions plus modernes, il convient d'abord d'isoler les fonctions gouvernementales des fonctions administratives. Celles-ci, de même que la législation générale, peuvent être exactement pareilles dans une autocratie et dans une république parlementaire et démocratique. Dans ses contacts journaliers avec les rouages de l'État, l'individu ne sentira pas la différence. Les esprits spéculatifs naturellement vont plus loin et perçoivent la différence dans le gouvernement, — c'est-à-dire dans l'organe politique, simple ou multiple, qui donne la route que doit suivre la marche de la nation, l'évolution de ses destinées. Cette différence est visible, tellement qu'on la voit toute au premier coup d'œil. Là, c'est un homme. Ici c'est la majorité des adultes mâles.

Inutile de creuser. Du coup, la différence s'est révélée tout entière. Elle ne peut s'étendre. Sous les deux régimes, ce gouvernement n'admet pas de tempérament, ne transige pas avec les oppositions qu'il rencontre. Ici et là, le gouvernement est absolu. En théorie, en théorie seulement, ici et là deux despotismes illimités.

En réalité, tous les deux doivent composer soit avec des forces que tous les deux rencontrent, soit avec d'autres qui ne se manifestent que sous un de ces deux régimes, qui lui sont propres. Ces forces sont très généralement en harmonie avec la constitution sociale du peuple envisagé, avec cette constitution sociale qui permet, ou amène, l'établissement ici de l'autocratie, là de la démocratie, et les deux gouvernements doivent orienter l'évolution nationale dans le sens que leur dictent à la fois leur origine et la loi du moindre effort. Il est indéniable que la constitution sociale qui a abouti à l'établissement de la démocratie suppose, en général, un développement intellectuel très supérieur à celui que nécessite la soumission à l'autocratie. Il semble évident que, dans une démocratie, l'opinion, — ce pouvoir amorphe qui se place à côté et souvent au-dessus des pouvoirs constitués, — a une action autrement considérable dans une démocratie que dans une autocratie. Cela semble évident, mais ne l'est que sous une importante restriction : en matière strictement politique, le gouvernement démocratique cède plus volontiers que l'autocrate aux vœux de l'opinion, si celle-ci paraît être celle de la majorité. En toute autre matière, l'opinion agit avec plus d'intensité dans les pays où le dogme électoral n'est pas souverain.

Négligeons cette condition. Reconnaissons sans réticence qu'à la démocratie correspondent un niveau intellectuel moyen plus élevé, une force plus grande de l'opinion. Admettons comme prouvé que ces deux faits soient des avantages, des biens. Ni l'un ni l'autre ne proviennent de la démocratie, comme leur absence n'est pas la conséquence de l'autocratie. Ce sont des conditions, passagères ou non, des peuples soumis aux gouvernements que nous étudions. Comment soutenir le contraire, lorsque les statistiques de l'Allemagne actuelle nous prouvent qu'elle a la plus faible proportion d'illettrés, que l'instruction secondaire y est répandue plus largement que partout ailleurs; lorsque l'histoire de l'Angleterre moderne nous montre que l'opinion y a été souveraine depuis la chute des Stuarts jusqu'à Disraeli, alors que la Grande-Bretagne était encore fort loin de la démocratie !

L'autocratie aurait donc un certain droit à l'indulgence, puisqu'elle est d'ordinaire accompagnée de conditions défavorables. Celles-ci suffisent à expliquer la plupart des maux qu'on est habitué à trouver sous le régime absolu même tempéré par les mœurs. Veut-on n'en pas tenir compte? Je répète que, dans ce cas, le gouvernement d'un seul, comme le gouvernement de la majorité, lorsqu'ils ne trouvent aucun article de la constitution pour limiter leur pouvoir, aucune autorité autonome pour faire respecter cette limite, sont des gouvernements absolus, ont, en théorie, des vices et des avantages parfaitement identiques. Les défenseurs de la démocratie parfaite, de la souveraineté illimitée du nombre, ont grand tort d'attaquer l'autocratie russe, car elle est le seul régime qui donne aussi peu de garanties aux droits individuels que celui qu'ils soutiennent. La France, sous l'ancien régime, avait des droits indépendants de l'autorité royale. Combien de fois, dans son histoire moderne, ne voyons-nous pas invoquer les droits du royaume, les constitutions de l'État! Que la toute-puissance de fait ne s'en soit pas trouvée entravée, c'est possible, mais ces droits, ces constitutions existaient. Elles délimitaient l'autorité légale, l'autorité juste, et leur action ne cessait que devant la force, au moment où le droit public, politique, comme on voudra, n'avait plus à intervenir. Elles ne dépendaient pas du roi, qui ne pouvait ni les abroger, ni les modifier. Au contraire, aujourd'hui, aussi bien le monarque absolu que la majorité souveraine ne rencontrent d'autres barrières que celle qu'il leur plaît de laisser subsister. Louis XIV devait violer le droit. Les majorités de nos collèges électoraux le créent.

Lorsqu'on admet à la fois la justice et l'utilité sociale de leur toute-puissance, on ne peut blâmer l'absolutisme en lui-même. On peut seulement soutenir que les majorités et leurs élus ont une aptitude aux fonctions gouvernementales plus grande que celle que possède un monarque absolu.

Ce n'est qu'en tenant présentes ces considérations que j'ai écrit le panégyrique qu'on me reproche. Ce n'était qu'un éloge relatif. Je n'oubliais certes pas la phrase — la sentence — de M. H. Passy. « De toutes les formes possibles, la pire est certainement celle qui confère à une seule assemblée l'exercice complet de la souveraineté. Elle constitue l'omnipotence d'un parti, prompte à dégénérer en tyrannie. » Je me souvenais aussi de la page éloquente où Mosca, mon illustre collègue, démontre combien est mensongère l'attribution du pouvoir à une majorité, étiquette qui dissimule mal l'hégémonie d'une minorité anonyme et où il nous rappelle que, dès que nous avons quitté la chaire ou la plume pour rentrer dans la sphère des intérêts privés, c'est bien là notre conception à tous de ce qu'est le gouvernement démocratique. Mais je me rappelais aussi la phrase de Polybe qui, trente lustres avant notre ère, jugeait les deux formes absolues de notre époque : « Toute forme simple, basée sur un seul principe, ne peut durer parce qu'elle ne tarde pas à succomber par le défaut qui lui est propre. »

V

« L'ouvrage établit une distinction entre la monarchie constitutionnelle et la monarchie parlementaire qui est parfaitement artificielle, en dehors de toute réalité objective. La classification vraie doit se simplifier et ne laisser que les trois formes fondamentales : autocratie, monarchie constitutionnelle, république. »

Certes, une classification peut avoir la subtilité qu'on veut. Au Congo, tous ceux qui ne sont pas nègres, sont classés comme « blancs ». A Buenos-Ayres, on distingue les « européens ». A Londres, on les divise en Anglais, Français, Belges, etc. A Paris, on reconnaît les Gascons des Angevins. Que ma classification soit trop détaillée, que j'eusse dû ranger les monarchies prussienne, belge, napoléonienne sous la même étiquette, comme un indigène de Libreville confond tous ceux qui viennent d'outre-mer, je n'en disconviens pas. Mais qu'elle soit fausse, que j'aie inventé une distinction inexistante, ou confondu une étiquette avec un caractère, il m'est beaucoup plus difficile de l'admettre.

En théorie, la division est facile : Toute monarchie représentative où les ministres se retirent devant un vote hostile de la Chambre élue est une monarchie parlementaire. Au contraire, la monarchie est constitutionnelle lorsque le Ministère, investi par le roi de la délégation des pouvoirs exécutif et administratif qui appartiennent à la couronne, reste indépendant des refus ou des adhésions de la Chambre aux projets qu'il présente et qu'elle juge dans la plénitude de son pouvoir législatif. La différence est précise et elle est grande. Sous le premier mode, interpénétration du pouvoir exécutif et du pouvoir législatif, le premier étant confié aux délégués du second, celui-ci dictant l'action de celui-là, la dominant par la nécessité d'avoir la majorité s'il veut vivre.

La doctrine est unanime. Gareis distingue soigneusement l'état constitutionnel — toujours et invariablement Rechsstaat — de l'état parlementaire — qui devient forcément parlementariste. L'honorable M. Brunialti fait une distinction plus profonde, moins dépendante des faits. Selon lui, l'état constitutionnel est celui où le Souverain, qui considère son pouvoir comme un patrimoine héréditaire, consent à le limiter, à céder certaines fonctions souveraines au pays qui les exerce par ses mandataires. « Dans tous les états constitutionnels, dit-il, le roi possède et exerce, de façon indépendante, un pouvoir de gouvernement. »

La distinction est-elle si subtile que l'opinion générale n'en ait cure? Non, certes. Les théoriciens de la Révolution de 1830 visaient précisément à supprimer le gouvernement constitutionnel de la Charte pour lui substituer un gouvernement parlementaire qui serait la « meilleure des Républiques ». Sous le second Empire, dont il est difficile de méconnaître qu'il ait eu, dès les premières années, le caractère constitutionnel, on aspirait à cet Empire parlementaire, dont la durée a été si brève et la fin si lugubre. A l'étranger, les exemples abondent pour nous montrer combien la différence est sentie, trouvée évidente. N'en prenons qu'un : les conflits scandinaves qui ne portent précisément que sur cette question.

A la vérité, il serait difficile de trouver ailleurs une aussi grande différence dans les institutions contenue dans un article aussi court de la constitution formelle ou tacite, et c'est probablement cette disproportion entre l'effet et ce qui semble la cause qui fait rejeter la classification que j'ai rappelée. D'autant plus que les ministres ne sont pas, en temps normal, absolument indépendants des Chambres, quoi qu'en disent les textes. Toujours en temps normal, bien entendu, le souverain ne gardera pas des ministres auxquels le parlement manifeste par la grève législative sa défiance continue. S. M. le roi Louis XVIII, malgré son extraordinaire tendresse pour son « cher fils » le duc Decazes, le sacrifia résolument à l'hostilité de la majorité. Qu'on réfléchisse que ce sont là des considérations de fait, des ménagements apportés à l'application des règles constitutionnelles, des transactions entre deux pouvoirs indépendants l'un de l'autre, exigées par le fonctionnement du gouvernement mixte, mais que, précisément, elles montrent un état d'esprit très différent de celui qu'amène la monarchie parlementaire dans laquelle ces ménagements et ces transactions n'ont ni raison d'être, ni l'occasion de se produire. Elles nous font voir, ce dont nous nous doutions un peu, que les conflits ne forment pas la trame de la vie des pays constitutionnels, que l'harmonie des pouvoirs est la règle dont découlent les sacrifices réciproques. Seulement il est improbable que la condescendance, que cette qualité appelée en Italie « l'arrendevolezza », soit uniquement du côté du souverain. Les députés eux-mêmes, auxquels, dit-on, le roi sacrifie ses ministres, doivent par réciprocité, non seulement ne pas entraver son pouvoir exécutif, mais encore se résigner à être plutôt des examinateurs des projets de lois que des législateurs.

C'est en effet ce qui arrive. Et si l'on prend l'Annuaire de Gotha, on voit bien que la réalité correspond à ce raisonnement. La stabilité des ministres, si remarquable dans les États à forme constitutionnelle de l'Empire d'Allemagne, n'aurait pu être obtenue si les Chambres électives avaient exigé que les projets de lois reflétassent, non les vues du pouvoir exécutif, mais les leurs.

Et je néglige d'autres différences, habituelles mais non pas essentielles, comme le fait que les ministres constitutionnels peuvent ne pas être, et le plus souvent ne sont pas, pris parmi les membres du Parlement, alors que c'est la règle à peu près absolue pour les ministres parlementaires. J'y ai quelque mérite, car de cette différence naît celle que signalait l'illustre Garcis, qui assimile presque l'état constitutionnel à l'état de droit, le régime parlementaire au parlementarisme.

Le passage de l'un à l'autre de ces régimes est aisé, peut-être insensible. La démarcation qui les sépare peut être confuse, imperceptible. D'accord ! Qu'un souverain constitutionnel veuille bien renvoyer ses ministres dès que ceux-ci n'ont plus la majorité de la Chambre élue, et nous voilà en monarchie parlementaire. Qu'une Chambre élue veuille bien conserver ses rapports avec un cabinet précisément mis en minorité et nous voilà en monarchie constitutionnelle. Pour ce changement, il est donc superflu de recourir à une modification formelle du statut national et, une fois accompli, on peut y renoncer et revenir à l'ancien état de choses sans rien changer aux textes et aux formes.

Précisément, cela ne prouve-t-il pas l'importance de ce changement, cela n'enlève-t-il pas tout poids à l'objection que nous tirions tout à l'heure de la disproportion entre la grandeur de la différence entre les deux régimes et l'exiguïté du texte statutaire qui la consacre ? En effet, cette différence ne vient pas de ce texte. Nous venons de voir qu'on peut ne pas le modifier et changer de régime. Elle provient de la nature politique du peuple. On ne fait pas accepter un gouvernement constitutionnel, c'est-à-dire un pouvoir exécutif, plus encore gouvernemental, indépendant, tirant son origine de soi-même, à une nation qui veut régir ses destinées, se débarrasser du respect du passé et du souci de l'avenir. A l'inverse, un peuple dont les vues s'étendent plus loin qu'au jour actuel, dont l'instinct et la raison lui enseignent que la règle de la division du travail est universelle et s'applique à tout organisme, — animal, atelier ou empire, — ne fournira pas au régime parlementaire les éléments de vitalité dont il a besoin pour ne pas être absorbé par le pouvoir exécutif. Les deux systèmes ne sont donc pas des arrangements artificiels, ingénieux, que puissent adopter à loisir les faiseurs de constitutions. Ils sont la manifestation du tempérament politique du pays.

VI

Sans s'écarter en rien de la règle courtoise *Suaviter in modo*, une grande revue américaine, organe d'une très méritante société scientifique, a fait au *Droit Politique Contemporain* un grave reproche, auquel l'auteur a été très sensible. Le critique m'attribue cette phrase un peu simpliste : « Le souverain, c'est la nation », et ajoute : « De quelle valeur est le mot « souveraineté » ainsi défini ? Dire que la souveraineté c'est la nation, c'est dire que la nation est la nation ou que la souveraineté c'est la souveraineté. Deux choses fort vraies, mais peu utiles à la discussion (1). »

Je n'aurais pas facilement retrouvé la phrase incriminée si le critique n'avait donné le numéro de la page. Je ne l'y ai pas retrouvée tout à fait sous cette forme et surtout dans ce sens. Ce qui m'avait un peu réconforté à l'avance, c'est de ne pas comprendre très bien pourquoi attribuer la souveraineté à la nation, c'était dire que la nation c'est la nation. Il y a des organisations politiques où la nation n'exerce aucunement, en apparence au moins, la souveraineté. Dire, comme je l'ai fait, que la souveraineté appartient toujours, appartient partout à la nation, ce n'était pas, ce me semble, énoncer un truisme et je craignais bien plutôt de sembler émettre un paradoxe.

(1) *Annals of the American Academy*, sept. 1900, pp. 128 et suiv.

De toutes les définitions de la souveraineté, celle qui me paraît être la plus juste dans sa concision a été donnée par M. d'Eichtal qui voit en elle le « pouvoir du dernier mot ». Elle est fort distincte de la toute-puissance gouvernementale, comme les pleins et absolus pouvoirs donnés à un mandataire sont très différents de la faculté que se réserve le mandant de mettre terme au mandat. A qui appartient-elle ? Je suis très heureux d'être d'accord avec le rédacteur des *Annales de l'Académie américaine*, mais, parce que cet avis nous est commun, je n'ai pas la prétention de croire que son expression soit un truisme. Son éminent compatriote, M. Burgess, attribue la souveraineté, en Angleterre, à l'unique Chambre des Communes. En France, il est presque de règle de proclamer qu'elle appartient au peuple, ou au suffrage universel. Généralement, nul ne doute qu'en Russie l'Empereur ne la détienne dans sa plénitude. Il n'était donc pas superflu, s'il était exact, de soutenir une opinion qui n'est pas commune, de soutenir que la souveraineté, le pouvoir du dernier mot appartient à la nation. Mais à la nation dans son universalité et sa pérennité.

Voici ce que je trouve à la page que signale l'écrivain américain. « Il se peut que dans nos pays, à notre époque, le suffrage égal soit le moyen par lequel la nation organisée exprime sa volonté, mais elle a commencé par la lui dicter. Les forces sociales, telles que l'intelligence, le savoir, la considération, la vertu, la corruption, car il est des forces sociales bonnes et d'autres mauvaises, prennent part au vote. Elles sont intervenues, sinon au scrutin, du moins à sa préparation... En théorie, la nullité de toutes ces forces est impossible ; en fait, elles ne suppriment pas la force du nombre, mais se composent avec elle. »

Et, à une longue citation de lord Brougham, que je ne veux pas reproduire ici, j'ajoutais la phrase suivante de

M. H. Passy, cette pensée de l'homme éminent dont je me ferai toujours gloire de suivre les préceptes : « Un autre caractère de cette souveraineté (de la nation), c'est qu'elle est tellement inhérente au corps social (pas à la majorité électorale, mais au corps social organique) qu'il est impossible aux pouvoirs publics, sous quelque forme et à quelque titre qu'ils fonctionnent, de se l'approprier tout entière. » Et j'en avais fait l'application aux pays et aux temps où cette souveraineté imprescriptible était le plus dissimulée sous l'omnipotence du Gouvernement, ce délégué primaire de l'être national. Les autorités réunies de lord Brougham, de M. Passy, pour ne pas dire de celle de l'écrivain de Philadelphie, peuvent prouver que j'énonçais une vérité, mais il ne s'ensuit pas qu'elle soit banale. Plût au ciel qu'elle le fût !

VII

« Le régime parlementaire, — a-t-on dit, — est loin d'être aussi en péril que le dit l'auteur. S'il l'était, ce serait un grand malheur pour le monde. Avec lui, disparaîtraient la liberté et les biens qu'elle fait naître. Le régime parlementaire, en dépit de ses indéniables inconvénients, est encore le seul sous lequel les nations aient la disposition d'elles-mêmes. »

Si ce reproche est fondé, j'avoue l'avoir mérité, mais j'ose affirmer qu'il contient autant d'erreurs que de propositions.

Le régime parlementaire, dit-on, n'est pas en péril ! Je sais que les gouvernements, à la veille des révolutions qui les renversent, ne doutent pas d'être éternels. Je me rappelle qu'au matin du 24 février 1848 le ministre de la Marine d'alors traitait de visionnaire et d'halluciné l'ami qui était allé le réveiller pour l'engager à prendre pour lui et les siens les précautions utiles. En thèse générale, les révolutions prévues n'arrivent jamais, ce qui revient à dire que les révolutions qui arrivent sont, en général, imprévues. Il est donc malaisé de prouver qu'il y en a une, toute prête à emporter le système actuel parlementaire. On n'est sûr d'un tremblement de terre que lorsqu'il a bouleversé tout un pays.

Mais il y a des prodromes sur lesquels on ne peut guère se tromper.

Laissons de côté les théoriciens. Comptons pour rien la condamnation presque unanime qui ressort des œuvres des philosophes les plus universellement admirés, des publicistes dont la clairvoyance n'est pas discutée. Au Congrès du Droit comparé, rassemblé à Paris en 1900, qu'avons-nous entendu? M. Saripolos pour la Grèce, M. Lahovary pour la Roumanie, déclarent que ce n'est pas de décadence, mais de ruine qu'il s'agit. L'Autriche est hors de question. En Italie, le régime parlementaire est devenu réellement le parlementarisme, c'est-à-dire le gouvernement par la Chambre des députés. Les résultats des élections survenues dans ces dernières années montrent que l'Italie aboutira à la démocratie absolue, si la couronne ne ramène le fonctionnement du Statut aux idées qui ont présidé à sa promulgation.

On ne peut pas prouver l'imminence d'un fait politique, mais on peut établir un fait existant, et chacun peut constater que la foi dans le régime parlementaire n'existe plus, que ce régime a perdu la force immense que lui apportaient les espoirs qu'il faisait naitre dans les esprits désintéressés, qu'il n'existe plus que les ambitions des autres.

Comment donc expliquer que des hommes d'une aussi haute valeur en soient encore les champions ? Surtout, qu'ils nient la crise dont l'évidence est aveuglante ?

C'est qu'ils considèrent toujours le régime parlementaire abstrait, celui dont leurs généreux efforts ont voulu amener le triomphe. Ils y voyaient alors le régime de la liberté politique. Ils l'y voient encore, parce que leur regard n'envisage pas les réalités d'aujourd'hui, mais restent fixés sur ce dont ils ont fait un idéal qui n'a pas été atteint. Sinon, comment aurions-nous la présomption de nous séparer d'eux, nous qui avons pour leurs personnes une admiration profonde, pour leurs enseignements un respect absolu.

Le danger qui menace ce régime est donc incontestable. Reste à examiner si l'on doit s'en affliger bien fort.

Nous devons préciser. C'est le régime parlementaire démocratique que nous envisageons. Il n'a de commun avec le régime qui a existé en Angleterre depuis la Grande Charte jusqu'à la Réforme de 1867, que ceci que l'on y *parlemente*. Ce n'est pas assez pour que la longévité de l'un constitue un argument en faveur de la viabilité de l'autre. La remarque est banale. Elle n'est pas inutile, car il est rare que l'exemple de l'Angleterre ne soit pas invoqué dans toutes les discussions sur ce sujet, et il n'y a que faire.

On affirme que la liberté sombrerait avec lui ? C'est une assertion *à priori*. Les États-Unis n'ont pas un gouvernement parlementaire. Par d'autres raisons, les Cantons suisses ne l'ont pas davantage, et ni les Américains ni les Suisses n'échangeraient la liberté que leur laisse leur gouvernement contre celle dont jouit un Français ou un Italien. L'Angleterre même a gagné à ses récentes réformes une égalité beaucoup plus grande que celle dont elle jouissait auparavant, mais on ne cite aucun fait qui fasse croire à une augmentation de sa liberté, de celle de ses citoyens.

L'enseignement que donne l'observation est souvent confus, par la difficulté de distinguer les causes et les origines des phénomènes observés. Restons dans la théorie, en évitant d'entrer dans la déclamation. Pourquoi un gouvernement parlementaire serait-il plus libéral qu'un gouvernement présidentiel, qu'une monarchie constitutionnelle et, même, qu'un empire autocratique ? Pourquoi un Parlement légiférant et gouvernant en même temps exercera-t-il une autorité plus douce, plus respectueuse des droits de chacun, qu'un pouvoir partagé entre un monarque et un parlement, qu'un président gouvernant indépendamment des Chambres dotées de la seule fonction législative?

L'unique motif est celui qui vient immédiatement à l'esprit : C'est que le pouvoir indépendant, que ce soit celui du Roi, du Président, ou d'une Chambre non élue, voudra accroître indéfiniment sa puissance, se subordonnera tout ce qui est en dehors de lui et ne manquera pas d'établir des lois qui accroîtront cette puissance et annihileront tout moyen de lui résister.

Je ne sais pas si ce pouvoir indépendant le tentera, mais je sais bien qu'il n'y réussira pas. L'histoire du siècle qui vient de finir est remplie par les exemples les plus probants. Toutes les monarchies et toutes les aristocraties ont eu une évolution inverse de celle qu'on prétend inévitable et se sont dépouillées, — de gré ou de force, peu importe, — de tout ou partie de la puissance coercitive qu'elles détenaient. Les faits semblent donc prouver que les institutions parlementaires ne sont pas indispensables à l'accroissement de la liberté.

Mais le triomphe de celle-ci n'est-il pas associé à leur avènement ? Gardons-nous d'une confusion de paroles. Si l'on appelle liberté la faculté donnée à chaque citoyen de prendre part à l'élection des gouvernants-législateurs, l'attribution de tous les pouvoirs, de toute la part transférable de souveraineté aux élus de la majorité numérique, et si l'on considère comme une restriction de la liberté tout ce qui pourrait limiter ou même guider, — canaliser, voudrais-je dire, — l'exercice de ce pouvoir, il est bien évident que la liberté ne saurait exister ailleurs que sous le régime parlementaire. Les deux choses deviennent synonymes, d'autant plus certainement qu'on a donné à l'une, pour définition, la description de l'autre.

Si, au contraire, on a de la liberté politique une conception pareille à celle que nous avons de la liberté dans tous les autres domaines, si on l'assimile à l'indépendance de celui qui en jouit, la synonymie disparaît. Que nous puissions nous déplacer, nous associer, bâtir, acheter les denrées qui nous plaisent où nous voulons, les vendre là où on les paye le plus cher, instruire nos enfants comme il nous plaît, pratiquer à notre gré la vertu ou le vice, cultiver nos terres ou les laisser incultes, et nous jouirons d'autant de libertés. Si, de plus, la collectivité ne nous prend de notre revenu que la part strictement nécessaire pour qu'elle puisse exercer les fonctions qui sont sa raison d'être, nous aurons une liberté de plus, et bien précieuse, car beaucoup d'autres en dérivent. Toutes ces libertés, pourquoi un gouvernement parlementaire serait-il seul à pouvoir nous les assurer? Presque toutes impliquent une limitation, non pas de l'action du gouvernement, mais du rôle de cette administration qui est pareille à elle-même partout, quelle que soit l'étiquette mise au régime politique. Et, entre cette étiquette et le plus ou moins d'envahissements de l'administration dans un domaine qui n'est pas le sien, je ne vois aucun lien, ni en théorie ni en pratique. Aussi bien le socialisme d'État que les tracasseries des fonctionnaires peuvent exister sous un régime parlementaire, sous une monarchie constitutionnelle, dans un empire autocratique. Avec cette différence, pourtant, qu'un autocrate est assez peu gêné par l'usage que ses sujets font de ces libertés, que l'aristocratie dirigeante dans un pays à monarchie limitée l'est davantage, mais beaucoup moins que ne le sont les guides de la majorité électorale que leurs intérêts matériels même invitent à les réduire. Mais on peut négliger cette considération et s'en tenir à la parfaite équivalence des organisations politiques, en ce qui touche les libertés individuelles ou corporatives.

On objectera que les pouvoirs et le rôle des administrations sont précisés et délimités par des lois (1). Suivant que celles-ci seront libérales ou restrictives, les individus, *cæteris paribus*, seront ou non soumis à la tutelle administrative. L'objection est toute naturelle, mais elle me sert puissamment. J'en admets la parfaite justesse. Ce que je disais tout à l'heure de l'action administrative s'applique à l'action législative. Pourquoi une assemblée élue par la majorité numérique et actuelle du peuple, pourquoi cette majorité elle-même concéderait-elle plus de liberté à la minorité, c'est-à-dire à ceux qu'elle combat, qu'un souverain absolu à ses sujets, ou qu'une aristocratie à ceux qu'elle croit représenter. La question a été discutée cent fois, toujours résolue dans le même sens. Que nous montre l'observation du passé, si l'on fait abstraction des cahots qu'a subis l'histoire dans sa marche et en considérant la direction qu'elle a suivie ? Toutes les monarchies absolues, toutes les oligarchies ont accordé de plus en plus de garanties, ont de plus en plus restreint la fraction du domaine individuel où leur pouvoir pouvait s'exercer. Tous les régimes dits populaires, ceux sous lesquels une minorité dont le recrutement s'opère sans conditions précises dirige au nom d'une majorité qui se soumet à elle, ont eu une évolution parfaitement contraire et ont constamment tenu à ne rien laisser à l'individu que la collectivité ne vînt contrôler ou réglementer.

De plus — et je prends la liberté d'appeler l'attention du lecteur sur cette considération, — le régime parlementaire démocratique, — celui que nous avons dans sa plénitude, celui que l'Italie se flatte d'avoir, celui qu'un parti nombreux vou-

(1) « Le Droit administratif est l'ensemble des principes et des règles qui résultent des lois. » (Th. Ducrocq, V. I, p. 3.)

drait établir en Autriche, celui qui est infailliblement réservé à la Russie le jour où elle abandonnera la voie évolutive pour entrer dans celle des réformes à-prioristiques, — admet l'équivalence, la similitude entre le suffrage universel et la nation. Il résulte de cette assimilation, de cette confusion, une conséquence énorme. Le roi, ou la minorité aristocratique gouvernante, peuvent certes faire le mal, mais non pas qu'il devienne le bien. Dans une démocratie, tout ce que fait le Suffrage universel, c'est-à-dire le gouvernement qu'il élit, devient le bien, le droit.

Partout et toujours, le SOUVERAIN, quel qu'il soit, le souverain réel, l'entité à laquelle appartient ce pouvoir qu'aucun autre ne limite, ce « pouvoir du dernier mot », peut nécessairement faire le bien, instituer le Juste. Cela par définition. Si à n'importe qui appartenait la faculté de déclarer que ce que veut ce souverain est injuste, ce souverain ne serait plus omnipotent. Si, par hypothèse absurde, il pouvait instituer l'injuste, il se briserait à la force des choses. Mais le seul légitime ou, plutôt, le seul vrai possesseur de cette souveraineté, le seul qui puisse l'exercer, la détruire, la nation, — et, encore une fois, la nation dans sa complexité et sa pérennité — n'arrive à décréter le bien, — disons en termes vulgaires à établir que ceci est bien, que cela est mal, — qu'après, non seulement qu'elle a fait ratifier ce décret par le *consensus omnium*, mais encore, surtout, que l'universalité des conditions et des rapports sociaux s'est modifiée en un sens tel que le mal cesse d'être le mal.

Cette harmonie entre l'évolution de la morale sociale et celle des besoins que satisfait cette morale est d'autant moins obtenue que le détenteur de la souveraineté est plus différencié de la nation. Cela s'observe avec un dictateur, délégué d'une faible partie de la nation actuelle, quelquefois même imposé par une force extrinsèque ; avec un roi absolu dont le pouvoir a été concédé à un moment de la vie nationale très différent du moment présent, dont le trône n'a guère d'autre appui que la force d'inertie, qui ne représente qu'un groupe très étroit de la nation ; à plus forte raison sous un régime qui attribue la toute-puissance à l'unique facteur numérique. Aussi bien le dictateur que le roi absolu ou que la majorité numérique, en vertu de la force matérielle qu'ils détiennent, peuvent décréter l'iniquité, exiger qu'on y obéisse mais non pas faire qu'elle devienne la justice. Ils peuvent faire triompher le mal, mais il ne dépend pas d'eux qu'il devienne le bien. En dehors d'eux, subsistent des sujets ou des membres de la minorité dont la conscience et les besoins ne sont pas modifiés par leurs décrets ou leurs institutions. En dehors d'eux, en dehors des individus qui les soutiennent ou les combattent, existent des éléments qui échappent à leur empire, qui ne subissent pas leur impulsion. Ils n'agissent pas sur cette « conscience sociale » qui, au contraire, ne saurait être indépendante de la souveraineté de la nation, puisqu'elle est partie intégrante de celle-ci.

Si, à cet égard, tous les gouvernements sont pareils, si tous se ressemblent par leur parfaite impuissance à faire cette fonction de législateur social — que ne peut déléguer l'organisme social, — ils se différencient sur un point important. Aussi bien le dictateur que le roi absolu n'agissent que sur les actes. Ils n'ont pas l'illusion, — et les gouvernés n'admettent point — que leurs édits soient des dogmes de morale politique ou sociale. Ils peuvent espérer l'obéissance mais non pas la foi. Ils sont bien obligés de reconnaître — on ne le leur laisserait pas oublier — qu'en dehors de leurs pouvoirs, se dressent les lois morales. Ils peuvent les violer, à leurs risques et périls. Ils peuvent essayer de les tourner, leur rendant ainsi hommage. Ils ne peuvent les supprimer et elles sont un frein avec lequel ils doivent composer. Au contraire, la démocratie — qui a la prétention d'être absolument identique avec la nation dont la souveraineté illimitée est hors de doute — affirme qu'elle crée le Droit. Pour être logique, elle doit être intolérante et se ruinerait elle-même si elle respectait les obstacles que rencontre son pouvoir.

Ce n'est là qu'une considération d'ensemble qui devrait être développée. Résumée, elle suffit à établir que la liberté, en théorie, n'est pas le moins du monde inséparable du régime parlementaire, sous lequel elle court ce grave danger de ne plus pouvoir même espérer dans le triomphe d'un Droit que l'on désire.

On affirme, je le sais, qu'il n'est pas question de libertés, au pluriel, de ces libertés de détail qui se rencontrent, en effet, dans les divers pays, dans une proportion tout à fait indépendante du régime politique; qu'il s'agit de la Liberté. Mais, en somme, l'écrire avec une majuscule, ce n'est ni la définir, ni la consacrer.

La Liberté ! Vraiment, si je ne reculais devant l'apparente présomption, je croirais à une erreur de mots, à une tautologie continuelle. On confond sans cesse la faculté d'être libre et la possibilité de diminuer la liberté d'autrui. Dans la langue vulgaire, dans la vie quotidienne, nul ne tombe dans une pareille confusion et ne se croit libre parce qu'il a 1/300 d'influence dans une décision qu'il doit prendre et exécuter avec 299 compagnons. D'ailleurs, cette confusion a été cent fois relevée. Peut-être n'a-t-on pas fait assez d'attention à celle qui en dérive, plus périlleuse encore.

Pouvoir tout faire, si l'on en obtient la faculté d'un corps délibérant à l'élection duquel on contribue dans une proportion déterminée et rarement supérieure à 1/100.000, telle est une des formes de la liberté ; pouvoir faire, sans la permission de qui que ce soit, tous les actes du domaine privé, tous ceux qui ne concernent aucunement les intérêts exclusifs de l'État, dont la gestion est confiée à une minorité ou même à un individu, c'est une autre forme de la liberté. Elle nécessite, avant tout, une délimitation absolue des intérêts de l'État, des choses politiques. Elle amène une spécialisation de fonctions.

A priori, de ces deux formes, quelle est la meilleure ? A la question ainsi posée, je ne répondrais qu'après avoir étudié de près les avantages et les inconvénients actuels de la liberté, et en réservant les nécessités de chaque peuple. Si, au contraire, l'on demande : sous laquelle de ces deux formes de liberté est-on le plus libre ? Oh ! alors, la réponse vient toute seule sur les lèvres de celui qui oublie un instant les déclamations des partis et s'interroge soi-même en consultant ses propres inclinations, ses propres désirs.

La première de ces formes de liberté est celle que donne le régime parlementaire, la seule qu'il puisse, la seule qu'il doive donner. La seconde ne peut être espérée que d'une organisation où la volonté d'une majorité numérique n'ait pas l'omnipotence, je ne dis pas contre celle de la minorité, je ne dis pas contre tous les éléments sociaux qui ne se chiffrent pas et qu'il importe peu de voir soutenus par dix ou cent personnes, mais sur toute cette catégorie d'actes qui doivent ne dépendre que de la volonté de ceux qui les accomplissent. Donc, sous un gouvernement dont la sphère d'action est limitée et précise. Un gouvernement parlementaire démocratique n'accepte ni bornes, ni limites. C'est dans les constitutions des pays monarchiques qu'il faut aller chercher des garanties accordées aux gouvernés contre les empiètements des gouvernants. La nôtre n'en contient aucune. A quoi bon, en l'absence d'un corps, d'une institution pour les faire respecter ? Y fussent-elles inscrites que la majorité d'un moment aurait vite fait de les effacer,

Que l'on adopte n'importe laquelle des théories de l'État jusqu'ici énoncé, tout reste pareil. Avec celle du Contrat, par exemple, qui peut méconnaître que le Contrat n'a mis en commun que les activités nécessaires à l'obtention d'un but précisé ? A l'autre bout de la série, veut-on se rallier à ce qu'on nomme l'organicisme ? L'indépendance de chaque cellule dans l'accomplissement de sa fonction propre n'est-elle pas une loi biologique ?

Est-ce à dire que cette forme de liberté, qui n'est pas un bien abstrait, dont nous jouissons, non pas le dimanche des élections, mais à tous les instants de notre vie, et que ne donne pas le régime parlementaire, sera *toujours* et *constamment* obtenue d'un régime non parlementaire ? NON, CENT FOIS. Les arguments *a contrario* sont les plus décevants de tous. Mais ils peuvent l'être. C'est ce que nous apprend l'observation.

Nous voyons des monarchies limitées où la Charte détermine la sphère où les pouvoirs publics ont action sur les volontés privées ; des républiques présidentielles où la Constitution prend soin de préciser, non pas ce qu'elle soustrait au Gouvernement, mais ce qu'elle lui accorde, ou elle constitue des pouvoirs collectifs chargés de contenir le Gouvernement dans les limites qui lui sont assignées. Depuis que le régime parlementaire existe — non pas depuis le Parlement de Roger de Sicile, non pas depuis la *Magna Charta*, mais depuis la lettre de Sir Robert Peel — l'observation ne nous montre aucun parlement acceptant des limites à l'universalité de sa puissance. Le président de la Chambre française n'a pu réprimer, comme inconstitutionnelle, cette phrase prononcée naguère par un député : « Tout droit vient de l'État. »

Si j'étais chargé de soutenir la cause du régime parlementaire et si je ne pouvais me récuser, il me semble que je recourrais à des arguments plus neufs et d'une inexactitude moins démontrée. Je n'insisterais plus sur la solidarité entre la liberté et le régime parlementaire. J'avouerais que l'institution du régime électoral n'a fait qu'éparpiller l'autorité gouvernementale sans en alléger le poids pour ceux qui la supportent. Et je demanderais hardiment aux hommes chargés de décider le procès que je plaiderais : « Êtes-vous bien sûrs que ce soit là un vice réel du régime que je défends ? »

Oh ! je sais que j'enregistrerais ainsi la grande déception des esprits si éminents, si désintéressés qui ont implanté ce régime. Ils n'y ont sacrifié le meilleur d'eux-mêmes que parce que — le jugeant, non pas d'après ses preuves qu'il n'avait pas faites, mais d'après une série de raisonnements qu'irradiait l'éloquence de ceux qu'ils écoutaient, — ils y voyaient l'efflorescence de la liberté. Mais, de ce qu'une institution n'a pas telle qualité, il ne s'ensuit pas qu'il n'en ait pas cent autres plus précieuses.

D'ailleurs, est-ce bien par la faute du régime parlementaire que cette désillusion est survenue ? Ne serait-ce pas qu'à la fin du XIXe siècle l'évolution, matérielle et morale, des peuples occidentaux ne s'accommode pas de la liberté, veut une dépendance sans cesse grandissante des hommes et des groupes entre eux. Lorsque la production presque tout entière exige l'association et prend la forme collective, lorsque de toutes parts, sous la seule impulsion de la force des choses, l'individu abdique en faveur de collectivités diverses, que les rares exceptions qui ne veulent ou ne savent se plier à la nécessité du groupement, de l'agrégation, sont broyées ou annihilées, dans notre temps de sociétés, de corporations, de syndicats, de *trusts*, de fédérations, est-ce bien vraiment un vice pour un régime que de ne pas servir cet idéal aujourd'hui démodé : la liberté de l'individu ? Que la génération précédente pleure de voir le système politique qu'elle a instauré consommer la ruine de cette liberté qui était la première de ses nobles aspirations, soit ! La génération actuelle a d'autres critères. Elle voit la nécessité de l'accroissement chaque jour plus rapide des liens qui attachent l'individu à l'État. Si, dans les compétitions de jadis entre individus, le rôle de la collectivité se bornait à assurer le *fair play*, — le combat loyal, — ce rôle est tout autre aujourd'hui. Il faut qu'au-dessus de ces groupements multiples, protéiformes, qui prennent cent noms divers dont je n'ai indiqué que quelques-uns, l'État puisse faire sentir son autorité, et il ne suffit pas que ces membres soient plus nombreux que ceux de toute autre association, il faut encore que la collectivité qu'il forme soit aussi dense, assurée par une interdépendance au moins égale à celle des groupes partiels. Il le faut, non seulement pour assurer la loyauté de la compétition entre les organismes collectifs, mais encore pour que ces organismes n'écrasent pas l'individu, soit activement en le spoliant, soit passivement en l'éloignant de toutes les sources de production, dût-il pour cela assurer une part des gains — de tout genre — que font les associations à ceux qui ne peuvent y entrer, à ceux dont elles ne veulent pas.

Ce début de plaidoirie ne coûterait rien à ma profonde conviction de la supériorité de la liberté, à mon éloignement du socialisme d'État. De ce que je reconnais un fait actuel, amené par une série d'accidents tels que les inventions et les découvertes qui se sont succédé dans les trois derniers quarts du siècle disparu, il ne s'ensuit pas que j'applaudisse à ce fait, que je le juge conforme aux lois naturelles, à ces lois cosmiques qui régissent à la fois toute matière et toute force, encore bien moins que je le confonde avec un état normal. Je crois fermement que l'humanité traverse un défilé, à l'issue duquel les forces individuelles retrouveront leur faculté d'expansion. Mais ce qui arrivera, ce que j'espère voir arriver, importe fort peu à la question. A l'heure actuelle, la fonction de l'État, celle qui s'impose à lui, est prodigieusement élargie. Si j'avais besoin d'une comparaison, je rappellerais que l'état de siège n'est certes pas un régime désirable, ni même longtemps supportable, mais qu'en cas de guerre tous sont unanimes à s'y soumettre et à désirer qu'on l'établisse.

Cela étant admis, quel gouvernement peut, mieux que le système parlementaire, remplir cette mission? Il s'agit de régler l'action de formidables activités collectives, et la république parlementaire a cette force d'incarner la plus grande des collectivités, la seule qui soit éternelle. Il faut protéger les faibles contre la prépotence des forts, assurer ceux-là qu'ils ne seront pas broyés par la marche insouciante de ceux-ci à laquelle ils ne peuvent se joindre. La république parlementaire est précisément gouvernée par les élus de ces faibles, car, partout et toujours, ces faibles sont la majorité. L'esprit du jour est le principe de l'association qui a envahi toutes les branches de l'activité humaine. La république parlementaire repose précisément sur ce principe, et l'association y triomphe depuis les comités de cantons jusqu'aux groupes de la Chambre et du Sénat. Si on peut reprocher au suffrage universel sa divergence profonde avec notre constitution sociale, telle que nous l'a léguée le passé, on sait au moins reconnaître que la république parlementaire est en parfait accord avec la structure du monde actif d'aujourd'hui. Et c'est autrement important.

Cette thèse pourrait être développée longuement. On la soutiendrait en montrant qu'un gouvernement absolu ne saurait défendre les intérêts des faibles aussi bien que ces faibles eux-mêmes et qu'il serait tenté de considérer et de protéger surtout les intérêts de la collectivité nationale, sans s'occuper de la répartition qui s'opère dans la nation elle-même, de soutenir également les faibles et les forts. Ce qui était à la fois louable et utile, en tous cas conforme à la mission gouvernementale, à une autre époque, ce qui est extrêmement dangereux au temps actuel. Les groupements de capitaux et d'activités sont cosmopolites. Dans la concurrence qu'ils font aux individus d'une nation donnée, ils s'appuyent sur le concours de l'étranger. Si le gouvernement reste neutre ou si, ce qui est équivalent, il favorise les intérêts qui rapportent le plus d'utilités à la nation sans se préoccuper soit du partage de ces utilités, soit de maintenir en vie les activités isolées que la concurrence écrase, le gain matériel total sera plus grand peut-être, mais l'outillage humain perdra sa valeur.

Dans un gouvernement aristocratique, — et je ne vise pas uniquement les aristocraties de naissance, — ce danger sera moindre, mais subsistera. Il s'y en joindra un autre. Les gouvernants seront pris en partie parmi les participants de ces associations dont la puissance doit être contenue.

Ces deux considérations ne sont pas théoriques : un grand empire a sacrifié l'agriculture à l'industrie parce que l'industrie donnait au budget des plus-values que la prospérité agricole n'eût amenées que lentement, mais il a immolé les agriculteurs nationaux aux capitalistes étrangers. Un grand royaûme a engagé la vie de ses soldats, et plus encore, dans une entreprise dont le gain ne pouvait aller qu'à une de ces gigantesques associations qui sont la caractéristique de notre époque.

Je n'aurais aucune terreur à plaider de cette façon la cause de la démocratie parlementaire; il ne s'ensuit pas que j'espérerais la gagner. Je sais trop bien ce que me répondraient ses adversaires.

Oui, certes, la liberté est en défaveur. Nous la voyons écrasée un peu partout. Ce ne sont pas seulement des peuples qui perdent la leur et voient l'or qu'ils ont le malheur de posséder servir à forger leurs chaînes, sans qu'il se trouve une puissance pour protester. C'est l'industriel qui voit régler ses profits par un syndicat, si tant est qu'on lui laisse des profits. C'est l'ouvrier qui doit travailler ou chômer selon que ses camarades en décident. C'est l'agriculteur qui ne vendra ses récoltes ou ne pourra acheter les machines nécessaires à sa culture que si l'intérêt politique du pays, tel qu'en juge le député d'un arrondissement quelconque, amène des traités de commerce. C'est le simple consommateur qui ne peut éclairer sa maison, sucrer son café, que si le syndicat du pétrole ou celui du sucre veulent bien abaisser la taxe qu'ils prélèvent sur lui. Il n'est pas prouvé que ces énormités soient autant de choses désirables ni surtout qu'on y remédiera en y en ajoutant une autre. En effet, la république parlementaire procède de l'esprit du jour. Mais comment ? En ajoutant à toutes ces exactions tyranniques d'associations formées au nom de la liberté, et qui en sont la ruine, une tyrannie cent fois pire, mille fois plus grande. Ce n'est plus notre activité qu'elle annihile, notre bourse qu'elle vise. C'est notre existence tout entière. Elle syndique l'intégralité des activités et fait du pays une gigantesque machine qui broie tout ce dont elle ne se constitue pas un rouage. Quel singulier remède à l'oppression des forces associées que de soumettre la minorité à la majorité dont on organise la toute-puissance ! Ce n'est pas le système parlementaire qui est conforme à l'esprit du jour. C'est lui qui a créé cet esprit. Les trusts l'ont imité et, comme lui, ne respectent que la force qu'ils proclament le droit. Comme lui, ils ne déclarent coupable que ce qu'ils ne peuvent faire. Ce que les autres générations appelaient, et ce que d'aucuns appellent encore la loi morale, leur est parfaitement étranger, mais la république parlementaire a-t-elle à l'observer. « La majorité des électeurs est avec nous. » Cela suffit à légitimer la confiscation, et pis encore.

L'argument puisé dans le caractère transitoire de l'organisation économique actuelle n'est pas plus convaincant que la comparaison avec l'état de siège. Évidemment, la situation présente est transitoire, mais elle a cela de commun avec toutes les situations qui l'ont précédée. Tout moment de l'humanité n'est qu'une des phases de son évolution, dont notre esprit ne peut même concevoir le terme, pas plus qu'il ne peut s'imaginer un état stable et définitif. Le caractère provisoire n'est donc pas une exception qui puisse à elle seule expliquer des mesures exceptionnelles. Celles-ci peuvent au contraire être parfaitement justifiées par le caractère antisocial de mœurs économiques amenées par une déviation de la liberté. Accordons qu'elles le soient, admettons sans difficulté que la liberté ou plutôt l'usage que l'on en fait doit avoir, à la fois comme guide et contrepoids, l'action plus minutieuse du pouvoir public. Ne nions pas que la tâche de celui-ci s'accroît chaque jour, à la fois parce que naissent des besoins nouveaux et parce que l'esprit de l'époque le veut ainsi. Mais la république parlementaire est incapable de protéger d'autres besoins que ceux du plus grand nombre des individus vivants, et laissera sans défense, non seulement ceux des générations à venir, mais aussi ceux qui n'appartiennent qu'à une minorité. Elle laissera écraser, sans même le savoir, toutes les forces sociales aussi vivantes que les individus, aussi efficaces qu'eux dans la vie de la nation, mais qui n'ont pas comme eux un bulletin de vote (1).

(1) « ... S'il est vrai qu'en aucun pays, en aucun temps la démocratie ne doit être tout... s'il est vrai que de ne pas tenir compte des autres éléments sociaux et renverser les aristocraties naturelles soit une violence sans profit, puisque ces aristocrates se relèvent dès le lendemain de leur ruine. » (T. PERRENS, *La Démocratie en France au moyen âge*, p. XIV.)

Le moment est difficile. La tâche actuelle est d'adapter des formes politiques anciennes, vieillies, à des organismes nés d'hier, déjà robustes, difficiles à déformer. Précisément parce que ce n'est pas trop de toutes les forces de la nation pour atteindre un but, il faut les organiser, ces forces. Où a-t-on vu gagner une bataille par une armée sans chef, où tous commandaient, où le courage, le dévouement de chacun remplaçait tout plan, tout système? Nulle part évidemment. Partout, toujours, lorsque la nécessité amène une action énergique, c'est à une personnalité, à un petit nombre qu'on la confie. Et, laissant là toute métaphore, comment peut-on parler du gouvernement de tous par tous, au milieu de l'effroyable complexité des fonctions actuelles du gouvernement? Mais la masse, que vous prétendez souveraine, n'a même pas une notion vague des problèmes que le gouvernement doit résoudre! Est-ce la majorité qui a donné des instructions à nos plénipotentiaires de la Haye? Est-ce la majorité des électeurs italiens qui a envoyé à Toulon Mgr le Duc de Gênes? Je puis insister sur ce dernier exemple. La majeure partie de la population italienne ne voulait pas de rapprochement avec la France, et notamment tout le Midi de la péninsule et la Sicile. Au contraire, le Nord le désirait. Et, comme le Nord a une culture très supérieure, qu'il contient des forces économiques infiniment plus grandes, que les groupes politiques y sont beaucoup plus éclairés, et beaucoup plus à ménager, on n'a pas compté les régions, on les a pesées, si j'ose dire, et les fêtes de Toulon ont eu lieu.

La majorité numérique n'intervient donc que pour donner l'investiture aux ministres et leur confier une omnipotence. Il est permis de croire que des gouvernants posés sur un terrain moins mobile sont plus aptes à l'exécution de vastes desseins.

Ah! il en serait tout autrement si nous étions encore dans

la réalité du Gouvernement représentatif. Si les électeurs choisissaient un député sans s'inquiéter de ses opinions et simplement parce qu'ils le jugeaient le plus apte et le plus honnête, si les députés eux-mêmes, sans dénaturer leur mandat, examinaient les propositions des ministres avec la seule préoccupation de défendre les intérêts de leurs commettants contre les exigences de l'État soutenues par ces ministres, on ne demanderait aux électeurs que de bien placer leur confiance, aux députés que de la probité et une clairvoyance moyenne. L'organisme ne serait pas complet, car la vie politique de la nation serait soustraite à l'action des forces qui influent sur sa vie sociale, et les deux marches pourraient être amenées à un conflit. Du moins cet organisme incomplet ne serait pas vicieux. Mais le Gouvernement parlementaire n'est pas le Gouvernement représentatif, pas plus que l'outil n'est le représentant de l'ouvrier. On a fait des élections sur l'innocence ou la culpabilité d'un condamné ! On les fait chaque jour sur des questions contingentes et, alors que l'homme d'État dans son cabinet, le professeur dans sa chaire, ne peuvent résoudre certains problèmes, des comités rassemblés dans un cabaret en dictent la solution au député.

Le régime parlementaire a-t-il au moins cette force éphémère d'être soutenu par l'opinion? Dans tous les pays que je connais et qui en ont essayé, la quasi-unanimité lui est contraire. Ceux qui le défendent peuvent se diviser en deux groupes. Le premier, infiniment respectable, se compose d'esprits libéraux, désintéressés, qui ne l'observent pas dans sa réalité, mais l'envisagent toujours dans l'idéal qu'ils s'en sont formé. Il ne sert de rien de leur montrer les vices qu'il affiche, les périls qu'il recèle. Leur foi n'est pas ébranlée et ils répondent : « C'est l'application qui en est défectueuse, l'application seule. » Ce qu'ils défendent, c'est un régime parlementaire abstrait, d'autant plus parfait dans la théorie d'où il ne sort pas, qu'il suffit d'une hypothèse écrite ou énoncée pour supprimer tous les obstacles qui l'empêcheraient de l'être. Les mêmes esprits — et, je le répète, ce sont les meilleurs — conviennent que les institutions parlementaires actuelles ruinent les pays d'Europe qui les ont adoptées.

Le second groupe est fort différent, composé des gouvernants d'aujourd'hui ou de demain ; il a d'autant plus de raisons de soutenir le régime actuel qu'il sait comment on l'harmonise avec la force des choses, qu'ici comme partout, que maintenant comme toujours c'est une minorité — ils la forment — qui gouverne au nom de la majorité, que ce sont les forces sociales, impersonnelles — ils s'y soumettent ou en disposent — qui dominent le nombre. Résignés à couvrir d'un masque la réalité des choses, ils ne voient aucun mal à bien faire les affaires publiques en laissant le titre de souverain au peuple qui les ferait mal. Ils sont plutôt dignes d'admiration que d'estime, mais — à la condition de ne pas se mêler à eux — il est permis de ne pas leur donner tout à fait tort.

Les deux groupes réunis forment une imperceptible minorité. Le reste de ceux qui pensent se partagent entre deux opinions, mais se rassemblent contre le régime parlementaire. Les uns croient encore à la possibilité de sauvegarder les institutions sociales actuelles : la propriété, la famille, la liberté du travail, celle de la croyance, et trouvent qu'aucune de ces institutions, — qu'on appelait naguère avec plus d'exactitude que d'élégance les « colonnes de l'édifice social » —, ne restera longtemps debout, si nul n'est autorisé à les défendre contre l'assaut du nombre qu'elles gênent directement et qu'elles n'abritent qu'indirectement, par incidence. Les autres pensent, comme Joseph de Maistre, que c'est la plus grande des folies que de vouloir gouverner après une révolution comme avant, que la Révolution qui a commencé en 1789 touche à peu près à son terme et qu'il est grand temps qu'elle porte ses fruits naturels. Le suffrage universel n'en est pas un. Il est tout au plus un moyen de les recueillir. Après M. le duc de Gualtieri et E. de Laveleye, je puis citer M. Dupont-White : « Il y a, disait-il, une attraction naturelle entre la souveraineté et la propriété. Jadis, en théorie, le sol appartenait aux rois ; maintenant, on a proclamé souverains un grand nombre d'hommes qui ne possèdent rien. Comment ces hommes n'useraient-ils pas de cette force qu'est le Gouvernement pour acquérir le premier des biens qui est la propriété ? Le suffrage universel doit donc un jour imposer une forme nouvelle à l'ordre social. » Ceux qui donnent raison à M. Dupont-White, qui font réellement de lui un précurseur, voient dans le régime parlementaire un obstacle, non pas le plus fort, mais le plus manifeste à l'évolution que veut la logique, et haïssent ce régime aussi violemment qu'ils veulent cette évolution. Ils se servent de lui, mais pour le détruire plus promptement, plus sûrement.

Mon but, que j'ai peut-être un peu perdu de vue, était de me disculper d'avoir cru à la caducité d'un système encore plein de vie. J'y serais plus rapidement parvenu en rassemblant les témoignages des interprètes les plus autorisés de l'opinion en France, en Italie, en Espagne, en Angleterre, je dis bien en Angleterre, en Autriche. Je ne l'ai point fait parce que c'eût été élargir au delà de ce qui convenait le cadre de cet opuscule. A ces citations, on aurait pu en opposer d'autres, dont je veux dénoncer le vice originel : elles sont aisées à retrouver dans les écrivains russes ou allemands, c'est-à-dire dans les pays où le régime parlementaire n'est pas sorti du domaine des idées et est encore aussi pur que le marbre dans l'atelier du sculpteur. Dans ce domaine de la théorie, où ils évoluent, leur erreur, si c'en est une, ne peut leur être démontrée, faute de juge compétent pour trancher la controverse. C'est le parlementarisme concret, existant, que mes critiques et moi avions en vue. Les faits sont là pour montrer le peu de durée qui lui est réservée et, si je n'ai pas prouvé, je suis du moins convaincu que l'époque de sa floraison ne restera pas, dans l'histoire politique, comme un temps que doivent regretter les hommes soucieux du bien de leur patrie et des progrès de l'humanité.

Ai-je vraiment mérité le dernier et le plus grave des reproches : celui de n'avoir donné aucune des conclusions attendues ? En tout cas, j'y ai été plus sensible qu'à aucun autre. Il m'a été adressé et par des amis personnels et par des lecteurs qui ont bien voulu approuver mes théories.

J'avais la conscience qu'il était injustifié. Outre que ces conclusions me semblaient dériver naturellement des prémisses que j'avais exposées, outre que, lorsqu'on établit une équation, on est autorisé à laisser au lecteur le soin de la résoudre, la nature de mon ouvrage, absolument théorique, ne me semblait pas appeler des affirmations aptes à être mises en pratique. Ce n'est pas une œuvre de polémique que j'ai voulu écrire, mais c'est un essai de philosophie politique que j'ai tenté de faire. J'ajoute que je n'ai envisagé aucun Etat en particulier, qu'il m'était bien difficile de donner des conclusions concrètes pour chacun d'eux et que je serais tombé dans la plus sotte des contradictions en essayant de formuler des principes qui s'appliquassent à tous, après avoir soutenu en 700 pages qu'il n'y a pas de règles politiques indépendantes de la nature sociale des peuples. Aussi, n'aurais-je pas même essayé de remédier à cette lacune, puisque c'en est une, si l'on ne m'y avait presque contraint en me soupçonnant de l'avoir laissée à dessein et par peur de me heurter aux opinions dominantes.

A un pareil argument, je ne résiste pas et je me résous à écrire ce que je croyais inutile à préciser.

1

La constitution politique d'un peuple doit être en harmonie avec sa constitution sociale. Les organisations simplistes qui donnent la toute-puissance à la majorité numérique ne peuvent durer parce qu'elles se heurtent à cette loi, évidente mais que je crois avoir démontrée. Si elles persistent, quel sera le sort des nations qu'elles régissent? Il est difficile de le préciser, car, si l'on peut conjecturer l'avenir d'un organisme croissant normalement, il est impossible de savoir où vont les molécules d'organismes qui se dissolvent. Le désir de vivre, le besoin de vivre qu'a chaque nation y mettra probablement une fin. Les probabilités sont pour une des deux issues que voici : ou les forces sociales existantes réagiront avant d'être détruites et il leur sera donné une part dans le gouvernement, ou, au contraire, le nombre remportera dans le domaine social la victoire complète qu'il a remportée dans le domaine politique, les forces sociales indépendantes de lui disparaîtront et il naîtra un nouvel ordre de choses où les forces non numériques cesseront de contrarier les désirs et les aspirations de la majorité. Cette transformation serait une révolution d'une telle amplitude que l'esprit la conçoit difficilement. Pour qu'elle fût possible, il faudrait qu'elle s'étendît presque contemporainement à tous les grands organismes nationaux, car celui qui voudrait la réaliser seul serait une proie facile pour les autres pendant la période transitoire, aussi bien au point de vue économique qu'aux autres. De plus, elle serait si profonde qu'elle changerait la face des choses, renverserait tous les facteurs des questions politiques et économiques dont nous acceptons aujourd'hui les solutions comme indiscutables. Est-ce à dire qu'elle soit impossible ?

Certes non, et pas plus que certains phénomènes sociaux que nous voyons, de nos yeux, se produire chaque jour. D'autant qu'elle procéderait par voie d'évolution, qu'elle se glisserait, pour ainsi dire, dans l'organisation actuelle, remplaçant peu à peu ce qu'elle en détruirait et que l'opinion moyenne n'en aurait conscience qu'en rapprochant deux époques assez éloignées.

Il s'ensuit encore bien moins qu'elle soit probable et, — puisqu'on me fait un crime d'être impartial, j'avoue mes préférences, — j'espère fermement que l'autre issue l'est davantage et que, tout au moins pendant une période assez longue, où la société nouvelle s'accommodera aux destinées qui lui sont réservées, c'est la constitution politique qui s'harmonisera avec une constitution sociale où entre encore pour une part appréciable ce que nous ont légué les générations disparues.

Le propre de ces forces sociales non numériques est d'être difficilement représentées, de pouvoir plus difficilement encore exprimer les besoins qui dérivent de leur existence. C'est ce qui rend si ardue la tâche des publicistes qui demandent pour elles une participation « active » à la conduite des affaires publiques. On peut du moins garantir leur domaine. Quelque grande que l'organisation économique rende la part de l'État, son domaine n'est pas illimité. La conscience des uns, le bon sens des autres reconnaissent bien ce qui dans nos actions, dans nos intérêts, dans nos activités, ne regarde en rien la collectivité. Pourquoi ne fixerait-on pas, dans un texte constitutionnel, cette limite, en la faisant varier bien entendu de pays à pays? Les forces sociales qui recevraient ainsi une protection dont elles sont depuis bien longtemps privées, ne seraient pas exigeantes, accepteraient que le domaine où elles seraient à l'abri fût étroit, pourvu qu'il fût inviolable.

La liberté de penser et d'enseigner, celle du commerce et

du travail y seraient inscrites, sauf à prescrire des garanties déterminées non pas contre leur abus — il n'y a pas d'abus de la liberté — mais contre leurs déformations. Le respect de la propriété semble encore pouvoir y être inséré et, si l'on y mettait des restrictions, il faudrait seulement qu'elles ne vinssent pas hypocritement annuler la clause principale. Défendre la confiscation et permettre à la collectivité de s'approprier par voie d'impôts, les 3/4 et les 4/5 des revenus, c'est faire œuvre inutile, essayer de tromper des esprits que le souci de leurs intérêts rend infiniment trop clairvoyants pour cela.

Le soin de faire respecter ce pacte social pourrait être confié à un corps aussi indépendant que possible du gouvernement dont on voudrait restreindre le pouvoir. Il y a, aussi bien en France qu'en Italie et que dans les autres pays à large suffrage, assez d'entités indépendantes de la volonté du grand nombre, comme les Chambres de commerce par exemple, et de corps n'en dérivant qu'indirectement, comme la magistrature, les universités, pour pouvoir constituer sans difficulté ce tribunal constitutionnel. La légère dépendance qui le lierait au nombre, d'ailleurs inévitable, ne serait pas mauvaise en soi. Il ne faut pas qu'il devienne une institution archaïque, insensible à toute modification de la nature sociale, hostile de parti pris à tout amendement justifié du pacte dont la garde lui serait confiée.

Ce pacte, qui le souscrirait? Le temps actuel n'admet guère l'existence des entités ou des forces qui ne sont pas incarnées dans un homme, et c'est même une des antinomies les plus frappantes que de voir l'univers appartenir à des syndicats ou à des sociétés anonymes pendant qu'on proclame *res nullius* des biens qui ont le défaut d'être possédés à titre indivis. Cette contradiction est trop étrange pour être durable. Reste, cependant, la grande difficulté de trouver des représentants, adéquats et autorisés, des intérêts qu'il s'agirait de protéger, de rassurer si l'on veut. Heureusement, ce ne serait point là un de ces actes qui exigent des formules et des formes sacramentelles. Les forces non numériques y interviendraient de la façon qui leur est propre, en ratifiant ce qui serait fait. Cette ratification deviendrait évidente par l'essor que prendrait le commerce, par la multiplication des entreprises à longue échéance, par l'apaisement des luttes de classes, par la raréfaction des accidents sociaux et, je ne vois pas pourquoi je reculerais devant un mot, par le rétablissement de l'ordre moral.

2

Ce pacte serait modifiable nécessairement, mais il ne pourrait être modifié par un simple caprice d'une des parties. Il serait parfaitement inutile si le suffrage universel pouvait s'en affranchir à son gré. Comme le consentement de l'autre partie ne peut être ni demandé, ni recueilli, il faut tout au moins recourir aux moyens propres à faire raisonnablement supposer qu'il serait accordé.

Les formalités exigées, dans la plupart des pays, pour la revision de la Constitution : majorité plus grande, pluralité des délibérations, élection *ad hoc*, duplication du nombre des députés, sont utiles, mais ne sont pas suffisantes. Utiles, parce qu'elles évitent les périlleux votes de circonstances, qu'elles donnent au corps électoral le temps de la réflexion et celui d'entendre les avocats des deux parties. Insuffisantes, parce que la question est, non pas de s'assurer de la vraie volonté de la majorité des électeurs, mais de s'y opposer, au nom d'intérêts qui sont soustraits à son action. Si elle détient tous les pouvoirs de fait, s'il n'y a dans l'État aucun organisme qui ne dérive d'elle, où sera l'asile du droit ? Ce tribunal constitutionnel que je suppose, que pourra-t-il faire, sinon lancer de nobles revendications qu'applaudira l'histoire, mais qui resteront aussi vaines que les ordres de M. le Procureur général Raynouard en 1851 ?

Ce sont des considérations toutes pareilles à celles-là qui ont amené les gouvernements mixtes et la séparation des pouvoirs. On en a fait des principes. C'étaient, ce sont des systèmes qui tendent à préserver les pactes donnés comme base à la vie nationale, dans la mesure du possible.

Ni l'un ni l'autre n'impliquent soit le rétablissement d'une monarchie en France, soit l'établissement d'une république ailleurs. Le pouvoir exécutif ne doit pas dériver du pouvoir législatif. Il va de soi que le contraire est plus inadmissible encore. Chacun d'eux représente des forces différentes, a une sphère d'action diverse, répond à des besoins qui ne se confondent pas.

Le roi, dans une monarchie, personnifie la nation dans ses rapports avec les autres nations, incarne l'être national — dans son intégralité — vis-à-vis des citoyens actifs et préside à l'action gouvernementale. Cette dernière attribution varie d'ampleur en passant de la monarchie absolue, où le souverain la possède entièrement, à la monarchie parlementaire, où il n'en détient qu'une fraction, le reste allant aux délégués des citoyens actifs. Rien n'oblige à ce que le titulaire de ces fonctions soit héréditaire. Tout veut au contraire qu'elles soient remplies.

Si elles ne le sont pas, c'est le Parlement qui s'en charge, et tout ce qui n'est pas la volonté actuelle de la majorité disparaît. Mais que le pouvoir exécutif ait une origine différente, qu'il ne soit plus soumis à la volonté du Parlement, et le but est atteint. Il ne sera certes pas élu par les forces et les intérêts personnels. Il ne sera ni leur représentant ni leur avocat, mais, dans les conflits entre eux et la majorité, il remplira le rôle d'arbitre. Mieux informé que tout autre, sa clairvoyance sera aussi grande que son désintéressement, et on peut espérer que ses décisions seront utiles à ceux-là même qu'elles condamneront.

Les moyens abondent. Sans même songer à une limitation du suffrage, on peut varier la circonscription des collèges, le rendre indirect à deux ou plusieurs degrés, établir le vote plural, imposer des conditions spéciales d'éligibilité, édicter la représentation proportionnelle pour le Parlement, et le vote majoritaire pour le chef de l'État. Peu importe, pourvu que celui-ci ne soit pas l'élu de celui-là.

Ses ministres, naturellement, ne sauraient être responsables devant les Chambres. (L'exemple de l'Angleterre est inutile à invoquer, car on sait combien a duré peu chez nos voisins la coexistence du système représentatif et de la responsabilité ministérielle. A l'imiter, il faudrait le faire complètement, soustraire l'administration au pouvoir législatif, établir des sous-secrétaires d'État permanents et irresponsables et importer encore bien d'autres réformes.) Ils ne sauraient l'être sans abandonner la réalité du pouvoir exécutif. Pour que cette irresponsabilité fût réelle, une partie du budget serait consolidée de par la constitution, et toute dépense ou recette une fois inscrite ne pourrait être supprimée que par l'accord des deux Chambres. Les règlements seraient rendus uniquement par le pouvoir exécutif; les lois, au contraire, seraient discutées sans l'intervention des ministres, sauf les exceptions à établir. Le tribunal constitutionnel annulerait aussi bien les règlements contraires aux lois que les lois qui amoindriraient l'action du pouvoir exécutif.

Il resterait, semble-t-il, une sorte de conflits que ne pourrai juger ce tribunal. Par exemple, les divergences entre les deux pouvoirs sur la politique générale, sur l'orientation de la politique du gouvernement. J'estime, au contraire, que ces conflits peuvent se produire actuellement, car il est dans l'esprit de notre constitution que les deux Chambres nous gouvernent et que rien n'assure que le Président, le Sénat et la Chambre soient d'accord, mais, qu'ils ne sauraient éclater si le Parlement était soigneusement tenu à l'écart de la fonction gouvernementale. Certes, les députés et les sénateurs pourront blâmer la ligne de conduite tenue par le pouvoir exécutif, censurer ses nominations, mais ils seront exactement dans la situation des nombreux citoyens qui voient aujourd'hui leurs fautes et savent qu'ils n'y peuvent rien.

Ce n'est pas, Dieu m'en garde, un projet de constitution que j'entends élaborer. Que les droits des individus, privés ou collectifs, dont l'exercice n'intéresse pas la vie nationale, soient soustraits à l'action de l'État, qu'un tribunal existe pour décider des litiges qui naîtront, que le pouvoir exécutif soit confié à des hommes indépendants du pouvoir législatif, afin que celui-ci n'usurpe pas ce pouvoir souverain que la nation ne peut pas plus déléguer qu'elle ne peut le défendre activement, telle est la conclusion que je crois amenée par les considérations qu'a exposées mon *Droit politique Contemporain.*

Quant aux modalités, elles sont affaire de temps et de lieux. Elles diffèrent grandement suivant que les garanties que je souhaite compléteront les lois d'un empire, le statut d'un royaume ou la constitution d'une république. Dans une monarchie absolue, c'est l'indiscutable force numérique qui doit recevoir une efficacité; ce sont les intérêts d'une minorité dont l'action doit être limitée, afin qu'elle ne nuise ni à ceux de la collectivité ni à ceux de la masse. Une monarchie limitée est, par définition, un gouvernement mixte, et le problème n'est plus que dans une judicieuse attribution des fonctions qui assure l'inviolabilité des garanties constitutionnelles; surtout dans la suppression de ces articles usuels et ironiques qui permettent au pouvoir exécutif de supprimer ces garanties, dès qu'elles deviennent utiles à ceux pour lesquels elles ont été prises. Dans tous les États parlementaires, quel que soit le titre porté par leur chef, aux limites mises au pouvoir exécutif il faut en ajouter d'autres, à la fois pour sauvegarder les gouvernés contre un accord des deux pouvoirs envers ce que nos pères appelaient si bien « leurs franchises » et pour que le pouvoir législatif ne puisse à son gré disposer de tout ce qui est cher aux citoyens pour en faire jouir les électeurs.

3

Puisque c'est pour me faire absoudre de l'accusation de pusillanimité que j'ai ainsi allongé ce petit travail, je dois répéter une conclusion qu'on ne peut cependant pas me reprocher de n'avoir pas émise : la très minime importance de la forme de gouvernement sur la prospérité de l'État et sur la liberté des citoyens. Cette prospérité et cette liberté ne demandent, pour s'épanouir autant que le permettent la nature de la nation et le caractère des citoyens, que deux conditions complémentaires: qu'il y ait un gouvernement et que ce gouvernement se restreigne dans sa mission. Aucune des deux n'est remplie sous un gouvernement parlementaire; toutes les deux peuvent l'être sous un régime non parlementaire, y compris bien entendu la République.

Et si je ne craignais pas d'enlever à ces études le caractère abstrait que je leur ai laissé sans peine jusqu'ici, je montrerais combien les faits donnent raison à des conclusions que je ne leur ai point demandées. Aussi bien le voyageur déjà mûr qui a visité, il y a vingt-cinq ou trente ans, les grands pays, nos émules, et qui y retourne aujourd'hui, que le statisticien qui prend dans sa bibliothèque les tableaux de 1875 pour les comparer à ceux de l'an dernier, le négociant et l'industriel, l'homme d'études et l'homme d'État savent combien la part qu'ont prise au progrès universel les nations à régime parlementaire est hors de proportion avec leur population, avec leur passé, avec les ressources de leur sol et de leur climat. La faute n'en est pas tout entière au parlementarisme, mais elle lui incombe en grande partie, le reste venant de causes auxquelles l'action humaine ne peut pas remédier.

J'ai pris un soin minutieux, exagéré même, de rappeler que le régime parlementaire, dont l'avenir me semble si restreint, c'est celui qu'ont la France, l'Italie, la Belgique, et qui réalise l'alliance du système parlementaire avec la démocratie. Ou mieux, et pour ne pas définir au moyen d'un exemple, c'est le régime où la Chambre, élue par le suffrage égal et universel ou presque, accepte et congédie les ministres, où le suffrage numérique ne trouve aucune limite à sa puissance dans une puissance qui n'émane pas de lui. Le régime parlementaire qui ne s'appuie pas sur une constitution égalitaire n'encourt pas nécessairement tous les mêmes défauts. Sa sphère d'action est bornée, non seulement par des forces sociales impersonnelles, mais par d'autres organes de la nation. Avec ceux-ci, il concourt, par un contrôle réciproque, à ce que reste indemne la part des activités individuelles ou collectives à laquelle l'État n'est pas intéressé.

Pareillement — et ce n'est pas sans raisons que je place cette observation à la fin de ces quelques pages — pareillement les dangers de la démocratie parlementaire ne menacent aucunement la démocratie qui ne l'est pas. C'est sans tomber dans aucune contradiction que l'on peut être l'adversaire le plus résolu de la première, tout en étant démocrate fervent et convaincu. Je dis bien : « convaincu » et je n'admets pas un instant que l'on se dise antiparlementariste par la raison, démocrate par le cœur. Non, et c'est la raison, ou tout au moins le raisonnement, qui montre qu'au lieu d'y avoir là non antinomie, il n'y a qu'une harmonie.

« La démocratie coule à pleins bords ; » le grand orateur qui l'a dit a été prophète. Sir Henry S. Maine a démontré d'ailleurs que la prédiction, à tout instant répétée et invoquée, a beaucoup contribué à la naissance de l'événement. Mais de quelle démocratie s'agit-il aujourd'hui? Quelle est cette démocratie qui ne coule plus à pleins bords comme un torrent, mais qui, comme un océan, couvre le monde de son flot montant? C'est dans son sein qu'il faut aller s'enquérir de sa nature, non pas dans les œuvres des professeurs illustres qui en discourent sans s'être jamais mêlés. Une définition assez satisfaisante en a été donnée par un des premiers entre ces professeurs : « Au mouvement politique, a-t-il écrit, qui arrache l'omnipotence à une partie de l'Etat qui écrasait l'autre, a succédé une évolution, lente mais sûre, qui, à l'influence de la tradition, de l'hérédité, a substitué l'influence flexible et fertile de la capacité. »

La définition est satisfaisante parce qu'elle montre, dans une juste mesure, les généreuses illusions de celui qui l'a formulée et de ceux qui s'y rallient. Mais précisément le jour où l'on a cessé de sacrifier à l'intérêt de quelques-uns celui des masses, surtout le jour où ces masses ont eu conscience de leur intérêt, le règne des fictions a pris fin. Les fictions forment les délices du penseur qui leur demande un aliment à son activité qui a vite fait le tour des réalités visibles, et qui se décourage vite de ne pouvoir agir assez vite sur ces réalités. Elles peuvent présider aux rapports des pouvoirs publics entre eux, car elles ne servent guère de base qu'à un formalisme plus ou moins utile. Revêtues de la forme pompeuse qui s'y adapte si bien, elles peuvent, dans une heure de colère ou de deuil, entraîner la volonté d'une foule. Elles ne font pas vivre un peuple.

Il y a deux sortes de démocratie. Nous voyons l'une agir officiellement. Par exemple, en Italie, on a agi par tous les moyens possibles pour démembrer les grandes propriétés des anciennes familles et, dans beaucoup de provinces, on y est parvenu. Les lots minuscules, entre lesquels on a divisé ces ex-fiefs, ont pu donner de quoi vivre à leurs acquéreurs pendant les années de moyenne récolte, mais sans leur permettre de se constituer un capital d'épargne ; à la première mauvaise récolte, comme leur existence matérielle exige un minimum irréductible, ils n'ont pu payer le fisc. A la seconde mauvaise récolte, ils ont vendu à bas prix leur petit bien, un spéculateur l'a racheté et a reconstitué le grand domaine. Ç'a été plus qu'un effort et de l'argent perdus. Entre le précédent propriétaire et ses voisins, ses fermiers, ses agents, ses ouvriers, il existait une sorte de solidarité. Il avait envers eux des obligations qu'il ne cherchait même pas à éviter. Le nouveau en ignore jusqu'à l'existence.

En France et en Italie, le suffrage universel, ou presque, amène souvent au conseil municipal les moins imposés de tous les habitants de la commune et ce sont eux qui votent les impôts qu'ils ne payent pas. Je vois aujourd'hui même une agglomération assez importante où l'on surcharge toutes les propriétés foncières pour des œuvres qui profiteront surtout aux métiers qu'exercent les membres du conseil communal.

C'est une des formes de la démocratie, mais la pire et aussi la plus fausse, non pas seulement parce que, dans ce peuple dont il convient de sauvegarder, de développer les intérêts, les propriétaires entrent aussi, mais surtout parce que, si elle satisfait les passions égoïstes, les sentiments mauvais de la classe nombreuse, — ce qui est un bien, — elle compromet ces intérêts, directement et par incidence.

L'autre forme de démocratie, l'autre démocratie, est celle qui vise aux réalités. Elle cherche à améliorer le bien-être de la masse, le bien-être dans le sens large du mot, à la fois économique et moral. Les circonstances sont-elles de nature à ce que ce but puisse être atteint par une ample participation de cette masse au gouvernement? elle la demande pour elle. Au contraire, la nature de la nation, dans sa complexité, veut-elle que le résultat soit atteint plus sûrement par un gouvernement formé d'une minorité, elle ne se croit pas inconséquente en demandant à cette minorité un bien qu'elle n'obtiendrait pas autrement. Elle ne voit aucune objection de principe à prendre l'apparence de l'autre démocratie, à confier la toute-puissance au suffrage universel, mais elle est convaincue, par tout ce qui peut convaincre, que le suffrage universel ne lui donnera pas ce qu'elle veut. Ce ne sont pas les passagers qui donnent la route au pilote, ce ne sont pas les soldats qui tracent un plan de bataille à leur capitaine pas plus que les élèves ne donnent de leçons à leur professeur, que les malades ne donnent d'avis au médecin. Et le gouvernement, aux jours où nous sommes, réunit toutes ces fonctions et bien d'autres encore. Il oriente la marche de la nation, la dirige dans la lutte pour la vie, veille au développement de la science, soigne — je ne dis pas qu'il guérit — les inévitables maux sociaux et les crises qu'on aurait pu éviter.

Cette indifférence de la démocratie à l'égard des institutions politiques est-elle réelle? La retrouve-t-on dans les faits?

Comment en douter? Ce n'est pas dans les milieux populaires, pour si peu qu'ils soient éclairés, qu'on entend les revendications, les explosions de dévouement en faveur de telle ou telle organisation politique. Il faut aller pour cela dans les cercles où la politique est pour ceux qui les forment ce que sont pour l'ouvrier ses intérêts professionnels. Dans les congrès ouvriers, aux ateliers et dans les fermes, ce n'est plus d'étiquette politique que l'on parle. *Primo vivere.*

On a souvent répété que l'émancipation des classes populaires de l'Angleterre leur a été donnée par l'aristocratie.

A côté de ce fait, mettons-en un autre : la monarchie, limitée ou non, mais qui n'est pas parlementaire, a toujours confié, sinon la pompe, du moins la réalité du pouvoir à des hommes que désignaient leurs talents et non pas leurs ancêtres. Le phénomène se vérifie encore et il est facile de le contrôler. Dans tous les pays soumis au régime électoral, lorsque l'influence héréditaire du nom cesse de donner l'autorité sociale à ceux qui le portent, c'est la ploutocratie qui s'en empare. Elle est quelquefois mise en échec, mais par des comités, des groupes, des associations, et l'individu compte infiniment moins, pèse infiniment moins dans la balance politique que sous une monarchie. Si j'énonçais là une théorie, elle semblerait paradoxale. Ce sont des faits que j'enregistre.

Ils s'accordent d'ailleurs et parfaitement avec les théories que j'ai pris la liberté d'exposer, pour me donner le droit de revendiquer hautement l'honneur d'appartenir au parti démocratique. Pas plus que je n'ai mérité d'en être exclu en cherchant à enlever le masque à la fausse idole vers laquelle on veut détourner la bienfaisante aspiration du grand nombre vers des destinées meilleures, je ne puis recevoir le reproche de professer des idées rétrogrades. Rétrogrades sont les prédications qui veulent ramener vers un idéal conçu par des théories oubliées la masse qui veut, enfin, toucher de ses mains ce progrès qu'on lui vante sans cesse et savoir s'il est une récompense de ses efforts ou un appât pour sa résignation.

Paris. — Raguse (Sicile), Mai 1901.

18-5-01. — Tours, Imp. E. Arrault et Cie.

AUTRES OUVRAGES DU MÊME AUTEUR

La Liberté, 1 vol. in-8, 1885 (*épuisé*).

L'Empire Russe en 1885, 1 vol. in-12, 1885 (*épuisé*).

Eléments de Sociologie, 1 vol. in-8, 1889 (Giard et Brière).

La Banque de Naples, br. in-8, 1890 (Guillaumin et Cie).

La Sicile sous la monarchie de Savoie, vol. in-12, 1895 (Guillaumin et Cie).

Médaille d'or de la Société de Géographie commerciale de Paris.

La Russie économique et sociale à l'avènement de S. M. Nicolas II, 1 vol. in-8, 1896 (Guillaumin et Cie).

Ouvrage qui a obtenu, en 1900, le prix Le Dissez de Penanrun, décerné par l'Académie des Sciences morales et politiques.

La Perse et son système monétaire, 1 vol. in-8, 1900 (Guillaumin et Cie).

MÉMOIRES LUS A L'ACADÉMIE DES SCIENCES MORALES ET POLITIQUES
ET INSÉRÉS DANS SES COMPTES RENDUS

Lord Brougham et sa « Philosophie politique » (1898).

Le Droit de représentation en France et en Italie (1900).

POUR PARAITRE PROCHAINEMENT

Droit public des États particuliers de l'Empire Allemand.

18-5-01. — Tours, Imp. E. Arrault et Cie.

www.ingramcontent.com/pod-product-compliance
Ingram Content Group UK Ltd.
Pitfield, Milton Keynes, MK11 3LW, UK
UKHW021149220726
13924UKWH00003B/1079